La science dans mon monde : niveau 2

Les plantes!

Tracy Nelson Maurer

Un livre de la collection
Les jeunes plantes de Crabtree

Crabtree Publishing
crabtreebooks.com

Table des matières

Une planète de plantes

Les plantes vivent presque partout sur la Terre. Elles ont besoin de la lumière du soleil, d'eau et d'air pour pousser. La plupart ont aussi besoin des **nutriments** contenus dans la terre.

Déterrons les faits :
Les plantes poussent sur la Terre depuis plus de 500 millions d'années.

Les bourgeons de tournesol semblent tourner pour faire face au soleil toute la journée.

Il existe environ 400 000 **espèces** de plantes sur la Terre. Elles se sont **adaptées** ou ont subi des changements pour bien pousser dans leur **habitat**.

Les plantes qui poussent dans le désert peuvent emmagasiner l'eau entre les épisodes de pluie.

Des racines épaisses s'enfoncent profondément dans le sol dans les lieux venteux.

Déterrons les faits :
De 8 pieds (2,5 mètres) à 15 pieds (4,5 mètres) de pluie tombe chaque année dans une **forêt pluviale**.

Certaines plantes poussent mieux dans les forêts pluviales humides.

Les parties de la plante

Chaque partie d'une plante a une utilité.

- Les racines ancrent la plante dans le sol et absorbent l'eau et les nutriments.
- La tige tient la plante bien droite et emmagasine l'eau.
- Les feuilles transforment la lumière du soleil en nourriture pour la plante.
- Les fleurs ou les fruits produisent les graines.
- Les graines deviennent des bébés plantes.

feuilles
tige
fleur
graines
fruits
racines

Les parties des plantes peuvent être de différentes tailles.

fruit du wolffia

Le fruit du wolffia est plus petit qu'un grain de sel. La tige du séquoia géant peut atteindre plus de 274 pieds (83,5 mètres).

séquoia géant

Des usines à nourriture

La plupart des plantes vertes produisent leur propre nourriture sucrée au moyen de la **photosynthèse**. La sarracénie pourpre utilise la photosynthèse. Elle attrape aussi des insectes pour souper.

sarracénie pourpre

Pendant la photosynthèse, la **chlorophylle** contenue dans les feuilles capte l'énergie du soleil.

De minuscules trous dans les feuilles absorbent le **dioxyde de carbone** dans l'air.

L'eau s'ajoute au mélange. Les feuilles libèrent de l'**oxygène** et la plante emmagasine la nourriture qu'elle n'utilise pas.

Déterrons les faits :
photo signifie « lumière » et *synthèse* signifie « combiner »

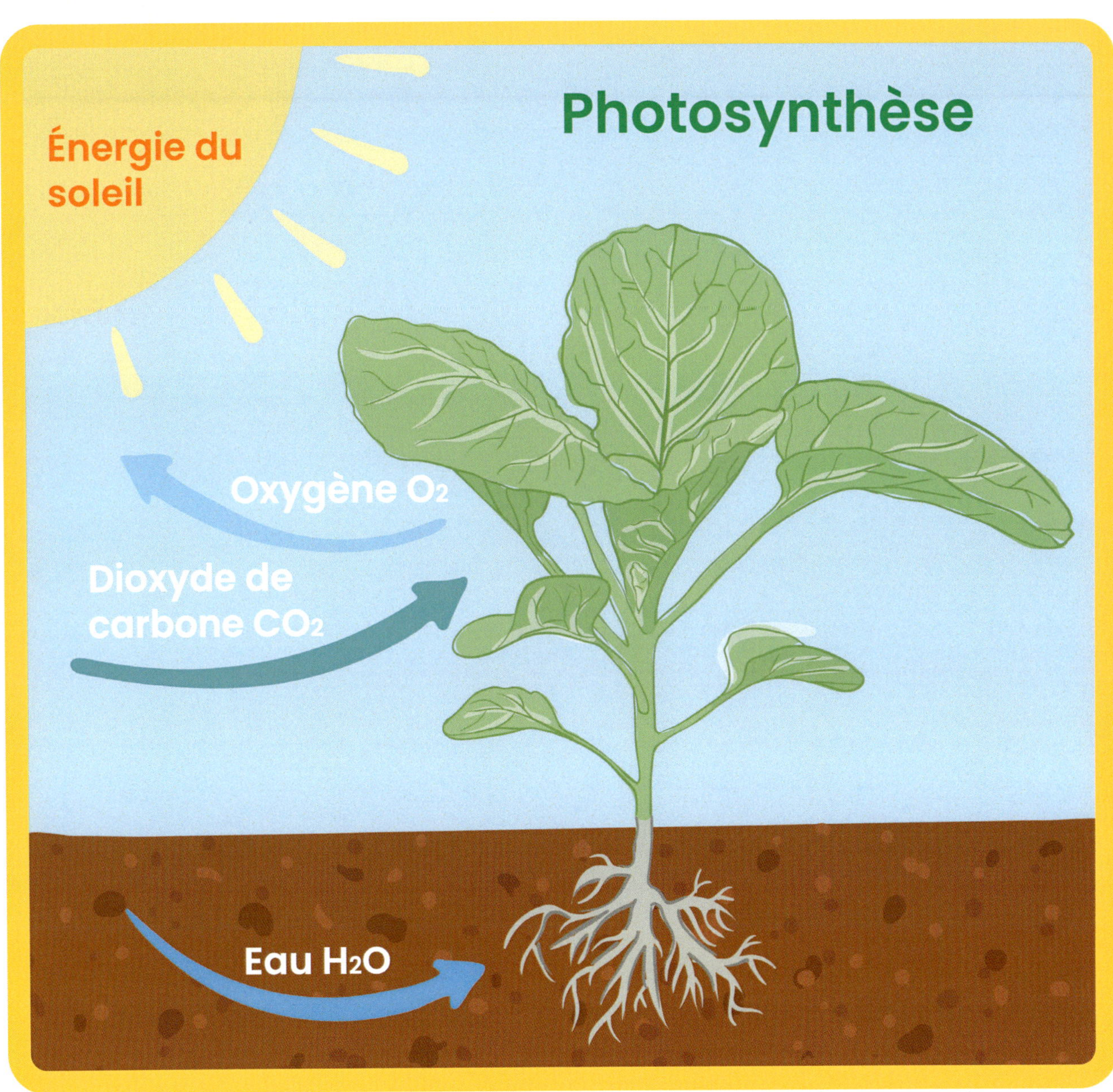
Photosynthèse
Énergie du soleil
Oxygène O_2
Dioxyde de carbone CO_2
Eau H_2O

À l'automne, quand la lumière du soleil diminue, la chlorophylle verte de nombreuses plantes commence à se dégrader.

Les feuilles deviennent alors jaunes, orange ou rouges.

Le cycle de vie d’une plante

Comme tous les organismes vivants, les plantes ont un cycle de vie :

- Une graine germe et devient un bébé plante. Cette jeune plante ressemble à la plante d’origine, sans être exactement identique.
- La plante fabrique sa propre nourriture.
- Les plantes adultes peuvent fleurir.
- Les fleurs contiennent des graines. Certaines se transforment en fruits dans lesquels on retrouve des graines.
- Le fruit mûrit et les graines tombent au sol. Une graine germe et devient un bébé plante.

De nombreuses plantes à fleurs utilisent le **pollen** pour faire des graines. Mais la plupart des plantes ne peuvent pas faire des graines avec leur propre pollen.

Les abeilles, d'autres insectes, les oiseaux et les chauves-souris peuvent transporter le pollen d'une plante à l'autre.

Les plantes se multiplient dans leur habitat quand les graines sont transportées par les animaux et les gens. Certaines graines flottent sur les vagues ou dans le vent.

Les graines de pissenlit s'envolent très loin de la plante mère.

Certaines plantes poussent plutôt à partir de tiges souterraines.

Les bébés fougères proviennent de spores. Les spores ont besoin d'eau et d'un mélange d'autres spores pour devenir adultes.

Les rhizomes sont des tiges épaisses souterraines.

Certaines longues tiges peuvent former des racines pour faire une nouvelle plante.

Les plantes se protègent pour vivre tout au long de leur cycle de vie. Certaines ont un mauvais goût. Certaines sont **toxiques**. Des épines pointues peuvent aussi aider à éloigner les bouches affamées.

Le cactus se protège avec des épines.

Les gens ont besoin des plantes

Les gens et les animaux ont besoin des plantes pour l'oxygène qu'elles produisent et pour se nourrir. Les gens utilisent aussi les plantes pour fabriquer du papier, des planches de bois et des médicaments.

Glossaire

adaptées (a-dap-té) : Changer et s'ajuster à de nouvelles conditions

chlorophylle (klo-ro-fil) : La substance verte que les plantes utilisent pour faire de la nourriture

dioxyde de carbone (di-ok-ssid de car-bonne) : Un gaz fait de carbone et d'oxygène que les plantes utilisent dans la photosynthèse et que les gens et les animaux expirent

espèces (èss-pèss) : Groupes définis par les scientifiques pour montrer les plantes et les animaux qui sont semblables et qui peuvent se reproduire

forêt pluviale (fo-raie plu-vial) : Une forêt qui reçoit beaucoup de pluie et où les arbres sont très grands

habitat (a-bi-ta) : L'endroit où les plantes poussent habituellement

nutriments (nu-tri-man) : Les matières dans le sol qui aident à nourrir une plante et à la garder en santé

oxygène (oxi-jèn) : Un gaz dans l'air et dans l'eau dont les humains et les animaux ont besoin pour respirer

photosynthèse (fo-to-sin-tèz) : Un processus que les plantes utilisent pour produire leur nourriture à partir de la lumière du soleil, d'eau et de dioxyde de carbone

pollen (po-lène) : De minuscules grains que les plantes à fleurs utilisent pour faire des graines qui produiront de nouvelles plantes

toxique (tok-ssik) : Dommageable ou venimeux

Index

Soutien de l'école à la maison pour les parents, les gardiens et les enseignants

Ce livre aide les enfants à se développer grâce à la pratique de la lecture. Voici quelques exemples de questions pour aider le lecteur ou la lectrice à développer ses capacités de compréhension. Les suggestions de réponses sont indiquées en rouge.

Avant la lecture

- **De quoi ce livre parle-t-il?** *Je pense que ce livre parle des tournesols. Je pense que ce livre parle des plantes et explique comment elles utilisent la lumière du soleil.*
- **Qu'est-ce que je veux apprendre sur ce sujet?** *Je veux apprendre les différentes parties d'une plante. Je veux apprendre comment fonctionne la photosynthèse.*

Pendant la lecture

- **Je me demande pourquoi...** *Je me demande pourquoi il existe de si nombreux types de plantes sur la Terre. Je me demande pourquoi les abeilles et les autres animaux sont nécessaires pour polliniser les plantes.*
- **Qu'est-ce que j'ai appris jusqu'à présent?** *J'ai appris qu'il y a de minuscules trous sur les feuilles qui absorbent le dioxyde de carbone dans l'air. J'ai appris que les feuilles des plantes libèrent de l'oxygène et que les plantes emmagasinent la nourriture qu'elles n'utilisent pas.*

Après la lecture

- **Nomme quelques détails que tu as retenus.** *J'ai appris que les racines ancrent la plante dans le sol et absorbent l'eau et les nutriments. J'ai appris que les feuilles ont besoin de la lumière du soleil pour faire de la nourriture pour la plante.*
- **Lis le livre à nouveau et cherche les mots du glossaire.** *Je vois le mot **nutriments** à la page 4 et le mot **oxygène** à la page 14. Les autres mots du glossaire se trouvent à la page 30.*

Crabtree Publishing

crabtreebooks.com 800-387-7650

Version imprimée du livre produite conjointement avec Blue Door Education en 2021.

Catalogage avant publication de Bibliothèque et Archives Canada

Titre: Les plantes! / Tracy Nelson Maurer ; texte français d'Annie Evearts.
Autres titres: Plants! Français.
Noms: Maurer, Tracy Nelson, auteur.
Description: Mention de collection: La science dans mon monde : niveau 2 | Les jeunes plantes de Crabtree | Traduction de : Plants! | Comprend un index.
Identifiants: Canadiana (livre imprimé) 20210267526 | Canadiana (livre numérique) 20210267550 | ISBN 9781039609440 (couverture souple) | ISBN 9781039609518 (HTML) | ISBN 9781039609587 (EPUB)
Vedettes-matière: RVM: Plantes—Ouvrages pour la jeunesse. | RVMGF: Documents pour la jeunesse.
Classification: LCC QK49 .M3814 2022 | CDD j580—dc23

Imprimé aux États-Unis/CP122025

Publié au Canada par Crabtree Publishing
616 Welland Avenue
St. Catharines, Ontario
L2M 5V6

Publié aux États-Unis par Crabtree Publishing
347 Fifth Avenue
Suite 1402-145
New York, NY 10016

Autrice : Tracy Nelson Maurer
Traduction : Annie Evearts
Coordinatrice à l'impression : Candice Campbell

Paperback	978-1-0396-0944-0
Ebook (pdf)	978-1-0396-0951-8
Epub	978-1-0396-0958-7
Read-along	978-1-0398-0468-5
Audio book	978-1-0396-6747-1

Références photographiques : www.shutterstock.com. Couverture © Cindy Gokey; icône « Déterrons les faits » © Sky vectors; page de titre © shutterstock.com/MEE KO DONG. p. 2-3 ©shutterstock.com/Zadorozhnyi Viktor. p. 4-5 © Cindy Gokey; p. 6 (cactus) © Ilyshev Dmitry, p. 6-7 (herves) ©hayaka tung. p. 7 ©shutterstock.com/Athawit Ketsak. p. 9 ©Ardely; p. 10 ©Magnetic Mcc, p. 11 ©Aleksei Potov; p. 12-13 ©chockdee Romkaew; p. 15 © Merkushev Vasiliy; p. 16 et 17 ©Smit; p. 19 ©Kazakova Maryia; p. 20 ©Eduardo Dzophoto; p. 21 ©shutterstock.com/Ondrej Prosicky. p. 22-23 ©Alexey Torbeev; p. 24 (gros plan) ©Phattaraphum, (fougère) ©Thanaporn Pinpart, p. 24 (rhizome) © Nadzeya Pakhomava, (plan de fraises) ©Elena Masiutkina; p. 26-27 ©Roger M Buss; p. 28-29 ©Pinkyone; p. 31 ©shutterstock.com/Artur_eM. Toutes les images proviennent de Shutterstock.com